에니어그램의 세 가지 에너지 센터

인간에게는 장, 가슴, 머리의 세 가지 에너지 센터가 있다. 위험하거나 위급한 상황에서 먼저 작동하는 에너지 센터가 자신의 센터이다. 내 안에 있는 세 가지 에너지 센터를 잘 살피고 세 센터사이의 조화와 균형을 이루도록 하는 것이 중요하다.

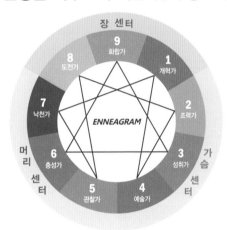

1. 장 센터(8 9 1 유형)

주요 관점
자신과 세상을 바라보는 주요관점은 '통제'이고, 자신의 의지대로 행동하려고 한다.

주요 과제
분노 감정의 건강하고 성숙한 관리

장 센터 사람들은 자신의 영역을 지키고 확장하기 위하여 힘을 갖고자 하고, 외부적인 힘으로부터 자기 및 자기가 속한 단체를 안정적으로 지키려 하며, 올바른 원칙 위에서 질서가 유지되는 세상을 만들려고 한다.

에니어그램의 세 가지 에너지 센터

2.가슴 센터(② ③ ④ 유형)

주요 관점
자신과 세상을 바라보는 주요 관점은 '이미지'를 중시하고, 타인의 관심과 인정을 받기 위하여 노력한다.

주요 과제
타인에게 의존하는 감정으로부터의 건강한 독립과 자율성 찾기

가슴 센터 사람들은 타인을 도와줌으로써 그들에게 필요한 존재가 되려 하고, 성공함으로써 타인에게 칭찬과 존경을 받을 수 있다고 믿으며, 자신의 특별한 감정을 다른 사람이 알아주기를 바란다.

3.머리 센터(⑤ ⑥ ⑦ 유형)

주요 관점
안전하고 행복한 삶을 영위하기 위한 정보, 전략, 계획 수립하기

주요 과제
미래와 불확실성에 대한 두려움에서 벗어나 현재를 건강하게 살아가기

머리 센터 사람들은 다가올 미래에 대한 걱정으로 현재를 살지 못하고, 사물의 원리를 탐색하고 분석하여 세상에 잘 적응하려 하며, 미래에 다가올 위험에 대처하기 위하여 필요한 계획을 세우고, 불안에 따른 고통을 느끼지 않으려고 다양한 호기심과 행동으로 즐거움을 추구한다.

에니어그램의 아홉가지 성격 유형

에니어그램은 서로 다른 아홉 가지 성격을 통하여 인간의 다양한 행동적 차이를 설명하고, 그 행동의 이면에 숨겨진 아홉 가지 핵심 동기를 깨닫게 한다. 또한 다른 유형과의 관계를 어떻게 조화롭게 만들 수 있는가를 알려 준다.

1 유형 : 옳고 그름에 대한 신념을 가지고 완벽을 추구하며 개선하려고 한다.

2 유형 : 다른 사람에게 도움을 주고 사람들과 감정적 교류를 잘한다.

3 유형 : 성취를 이루기 위해 목표 지향적이고 효율적이다.

4 유형 : 자신만의 고유한 정체성을 추구하고 낭만적이며 섬세한 예술적 감각이 있다.

5 유형 : 정보와 지식을 쌓고 싶어 하며 현명하게 판단하려고 노력한다.

6 유형 : 책임감이 강하고 안전에 대해 민감하므로 확실한 것을 좋아한다.

7 유형 : 낙천적이고 새로운 것에 대한 호기심이 많으며 새로운 경험을 좋아한다.

8 유형 : 도전적이고 사람과 상황을 통제하며 강한 모습을 보이고자 한다.

9 유형 : 느긋하고 다른 사람의 입장에서 이해하고 수용하려 하며 인내심이 강하다.

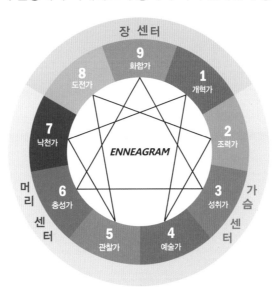

도전가

1. 자아 개념
나는 도전적이고 자신감이 넘치며 강하다.

2. 내면 동기
힘있는 사람이고 싶다.

3. 기본적 특성
자신의 영역을 지키고 확장하기 위해서 강해야 된다고 생각한다. 자신이 아무 것도 할 수 없다고 느낄 때 무력감에 빠진다. 자신의 뜻대로 다른 사람이 행동하기를 원하고 사람들을 통제하고 강하게 몰아 부친다. 이런 유형의 사람을 도전가라고 부른다.

4. 회피
연약함을 드러내지 않으려 한다.

5. 강점
도 전 : 어려운 일이나 상황에 두려움 없이 맞선다.
보 호 : 나를 믿고 따르는 나의 울타리 안에 있는 사람을 지켜 주려고 한다.
　힘　 : 자신의 영역을 지키고 확장하기 위해 어려운 상황을 직접적으로 해결한다.

6. 긍정적인 모습과 개선할 모습 (당신을 나타내는 문장을 골라 보세요)

긍정적 모습	개선할 모습
[　] 솔직하다	[　] 단도직입적이다
[　] 권위가 있다	[　] 대항한다
[　] 사람들을 보호해 준다	[　] 약자를 무시한다
[　] 추진력이 있다	[　] 타협하는 것이 어렵다
[　] 독립적이다	[　] 약함을 드러내지 않는다
[　] 지도력이 있다	[　] 통제하려 든다
[　] 힘이 있다	[　] 약함을 경멸한다
[　] 자신감이 넘친다	[　] 타인의 말을 듣지 않는다
[　] 정의롭다	[　] 자기 과시적이다

7. 성장을 위한 제안

흑백 논리에서 벗어나 상대를 수용한다.
내면의 연약함을 인정하고 표현한다.
거친 행동을 인식하고 타인의 의견을 수용한다.

화합가

1. 자아 개념

나는 느긋하고 안정되며 편안하다.

2. 내면 동기

내면의 평화를 위한 관계의 연결을 원한다.

3. 기본적 특성

자신의 마음과 주변 환경이 조화로운 상태에서 만족한다.
안정된 상태를 만들기 위해 남들과 잘 지내려고 하기 때문에 주위 사람들의 영향을 쉽게
받는다.
상대의 입장을 이해하고 수용하여 충돌과 내적 혼란을 피한다.

4. 회피

자기 내면의 안정과 평화를 유지하기 위하여 자신의 주장이나 결정을 미룬다.

5. 강점

조　　화 : 상대방의 입장에서 긍정적인 면을 발견하고 맞추려고 한다.
수　　용 : 상대방을 있는 그대로 인정하고 그들의 방식을 받아들이며 기다려 준다.
느긋함 : 자신의 환경과 공동체에 순응하며 시간의 흐름에 따른다.

6. 긍정적인 모습과 개선할 모습 (당신을 나타내는 문장을 골라 보세요)

긍정적 모습	개선할 모습
[　] 느긋하다	[　] 고집스럽다
[　] 인내심이 강하다	[　] 우선순위가 어렵다
[　] 긍정적이다	[　] 자신을 과소평가한다
[　] 원만하다	[　] 게으르고 나태하다
[　] 겸손하다	[　] 무관심하다
[　] 안정적이다	[　] 멍하다
[　] 수용적이다	[　] 자신의 의견이 없다
[　] 조화롭다	[　] 우유부단하다
[　] 편안하다	[　] 갈등을 회피한다

7. 성장을 위한 제안

분명한 목표와 계획을 세운다.
갈등을 인식하고 상황에 맞게 자신의 분노를 표현한다.
자신이 원하는 것을 알아차리고 우선순위에 따라 행동한다.

에니어그램 1 유형

1. 자아 개념
나는 이성적이고 공정하며 올바르다.

2. 내면 동기
세상을 좀 더 올바르게 만들고 싶다.

개혁가

3. 기본적 특성
자기뿐만 아니라 모든 것이 올바르고 공정해야 된다고 생각한다.
현실은 올바르지 않고 공정하지 못한 일들이 너무 많아 짜증을 자주 낸다.
세상을 완벽하게 만드는 것을 자신들의 책임이라 여기고 세상을 개혁하려고 애쓴다.

4. 회피
자신의 기대에 부응하지 못한 것에 대한 분노를 억압한다.

5. 강점
공 정 : 세상은 원칙과 기준에 맞는 합당한 보상을 받아야 한다.
도 덕 : 타인에게 시키기 전에 솔선수범하고, 원칙에 어긋나는 말과 행동을 하지 않으려 한다.
근 면 : 더 나은 세상을 만들기 위해 열심히 일한다.

6. 긍정적인 모습과 개선할 모습 (당신을 나타내는 문장을 골라 보세요)

긍정적 모습

[　] 공정하다
[　] 정직하다
[　] 윤리적이다
[　] 원리원칙을 지킨다
[　] 정리정돈을 잘 한다
[　] 질서를 지킨다
[　] 성실하다
[　] 근면하다
[　] 예의를 잘 지킨다

개선할 모습

[　] 판단하려 한다
[　] 융통성이 부족하다
[　] 비판적이다
[　] 심각하다
[　] 긴장을 많이 한다
[　] 잔소리가 많다
[　] 자기기준이 높다
[　] 자기 고집이 세다
[　] 짜증이 자주 올라온다

7. 성장을 위한 제안

자신의 기준으로 상대를 판단하기보다 상대의 입장을 고려한다.
매사에 심각하지 않고 여유를 갖는다.
몸과 마음을 휴식하는 방법을 찾아 즐긴다.

에니어그램 (2) 유형

조력가

1. 자아 개념
나는 사랑스럽고 보살피며 돕는다.

2. 내면 동기
사랑받고 사랑하고 싶다.

3. 기본적 특성
사람들의 필요를 알게 되면 도와야 된다고 생각한다.
시간, 에너지, 재력 등 자신의 능력을 넘어서까지 도움을 주려고 한다.
자기가 원하는 것보다 타인의 요구를 우선시하여 자신의 필요를 뒤로 미루거나 억압한다.

4. 회피
자기의 욕구를 회피한다.

5. 강점
돌 봄 : 힘들고 외로운 사람이나 동물에 대한 동정심이 많고 지원하고 잘 도와준다.
사 랑 : 상대의 감정과 필요를 잘 느끼고 그것을 채워주려고 노력하며 인간관계를 중시한다.
배 려 : 나의 입장보다는 상대방의 입장을 먼저 생각하여 그들을 돕는다.

6. 긍정적인 모습과 개선할 모습 (당신을 나타내는 문장을 골라 보세요)

<table>
<tr><td colspan="2">긍정적 모습</td><td colspan="2">개선할 모습</td></tr>
<tr><td>[ ]</td><td>다정다감하다</td><td>[ ]</td><td>소유욕이 강하다</td></tr>
<tr><td>[ ]</td><td>사람을 잘 보살핀다</td><td>[ ]</td><td>감정을 과하게 표현한다</td></tr>
<tr><td>[ ]</td><td>적응을 잘 한다</td><td>[ ]</td><td>에둘러 말한다</td></tr>
<tr><td>[ ]</td><td>사람에게 먼저 다가간다</td><td>[ ]</td><td>내편을 만들려고 한다</td></tr>
<tr><td>[ ]</td><td>감정을 잘 알아차린다</td><td>[ ]</td><td>의존적이다</td></tr>
<tr><td>[ ]</td><td>친절하다</td><td>[ ]</td><td>거절을 못한다</td></tr>
<tr><td>[ ]</td><td>사랑스럽다</td><td>[ ]</td><td>공치사를 한다</td></tr>
<tr><td>[ ]</td><td>따뜻하다</td><td>[ ]</td><td>자신의 욕구를 억압한다</td></tr>
<tr><td>[ ]</td><td>공감을 잘 한다</td><td>[ ]</td><td>자기희생적이다</td></tr>
</table>

7. 성장을 위한 제안

도와줄 수 있는 한계를 정하고 도와 줄 때 조건없이 도와준다.
자신에게 만족과 즐거움을 줄 수 있는 혼자만의 시간을 갖는다.
자신의 필요를 알아차리고 인정한다.

성취가

1. 자아 개념
나는 탁월하고 공감능력이 있으며 성취한다.

2. 내면 동기
목표 지향적이며 성취하고 싶다.

3. 기본적 특성
생산적이고 무엇인가를 성취해야 한다는 생각을 가지고 있다.
탁월한 이미지를 통해서 인정받으려 한다.
사회적으로 인정받는 지위, 명예, 경제적 업적 등을 달성하기 위해 일에 매진한다.

4. 회피
성공해야 존경과 인정을 받을 수 있다고 생각하기 때문에 실패를 회피한다.

5. 강점
효　　율 : 시간, 공간, 인맥 등 자원관리를 계획대로 잘 활용한다.
유　　능 : 목표를 달성하기 위해서 끊임없이 에너지를 쏟고 노력한다.
동기부여 : 사람들에게 의욕을 불어 넣고 성취할 수 있게 지지와 격려를 잘 하고 설득력이
　　　　　있다.

6. 긍정적인 모습과 개선할 모습 (당신을 나타내는 문장을 골라 보세요)

긍정적 모습

[   ] 자신감이 있다
[   ] 목표지향적이다
[   ] 효율적이다
[   ] 자주적이다
[   ] 실용적이다
[   ] 유능하다
[   ] 매력적이다
[   ] 동기부여자이다
[   ] 진취적이다

개선할 모습

[   ] 경쟁적이다
[   ] 자기 자랑이 심하다
[   ] 가식적이다
[   ] 결과를 중요시 한다
[   ] 계산적이다
[   ] 일 중심적이다
[   ] 허영심이 있다
[   ] 카멜레온 같다
[   ] 실패를 인정하려 하지 않는다

7. 성장을 위한 제안

일상의 목표를 자연스러운 흐름에 맡긴다.
기만을 알아차리고 정직하게 자신을 살피고·진실성을 추구한다.
깊은 호흡으로 빠르게 일어나는 행동패턴을 한 박자 늦춘다.

에니어그램 **4** 유형

예술가

1. 자아 개념
나는 독특하고 섬세하며 특별하다.

2. 내면 동기
자신의 정체성을 찾는다.

3. 기본적 특성
자신의 감정을 예민하게 느끼고 그것을 상대가 알아주기를 원한다.
현실의 세계보다는 상상 속에서 자신을 찾으려하며, 우울하고 모호한 감정에 자주 빠진다.
자기에게 없다고 생각하는 특별한 것을 밖에서 찾으려 한다.

4. 회피
역동성과 감동을 추구하는 만큼 감동이 없는 평범한 생활을 싫어한다.

5. 강점
특 별 : 일상적인 것에서도 아름다움을 찾아내고, 남들과 다른 자신만의 독특함을 중시한다.
품 위 : 평범하지 않은 말과 행동을 하고 조화나 부조화 속에서도 격조있게 표현한다.
연 민 : 상대방의 괴로움이나 아픔을 나의 것으로 함께 느낀다.

6. 긍정적인 모습과 개선할 모습 (당신을 나타내는 문장을 골라 보세요)

긍정적 모습	개선할 모습
[ ] 영감이 있다	[ ] 우울하다
[ ] 자신에게 진실하다	[ ] 현실감이 떨어진다
[ ] 감수성이 예민하다	[ ] 위축된다
[ ] 성찰한다	[ ] 감정기복이 심하다
[ ] 표현력이 있다	[ ] 자신에게 몰두한다
[ ] 창의적이다	[ ] 자기 연민이 있다
[ ] 품위가 있다	[ ] 시기심이 있다
[ ] 자기 성찰적이다	[ ] 까다롭다
[ ] 아름다움을 창출한다	[ ] 감정적으로 민감하다

7. 성장을 위한 제안

주관적 공상의 세상에서 객관적 현실의 중요성을 깨닫는다.
우울함을 창조적 행위로 승화시키고 주위 사람과의 유대감을 형성한다.
자신의 최선을 이끌어낼 수 있는 창의적인 작업에 집중한다.

관찰가

1. 자아 개념

나는 관찰하고 집중하며 현명하다.

2. 내면 동기

세상이 돌아가는 작동원리를 알고 싶다.

3. 기본적 특성

모든 것을 관찰하고 파악하며 원리를 이해하고자 한다.
세상과 상황에서 조금 뒤로 물러나서 관찰하고 비교 분석하는 경향이 많다.

4. 회피

무지하여 세상의 원리를 깨닫지 못하면 세상에 대처할 수 없다는 불안을 가진다.

5. 강점

지　식 : 알고자 하는 강한 동기를 가지고 자료 및 정보를 탐색하고 수집한다.
객　관 : 감정적이지 않고 사실적이며 객관적인 자료에 의해서 비교 분석하여 판단한다.
범주화 : 자료와 정보를 정리, 분류하여 보관했다가 필요할 때 즉시 꺼내서 활용한다.

6. 긍정적인 모습과 개선할 모습 (당신을 나타내는 문장을 골라 보세요)

<table>
<tr><td>긍정적 모습</td><td>개선할 모습</td></tr>
<tr><td>[　] 분석적이다</td><td>[　] 지적인 교만이 있다</td></tr>
<tr><td>[　] 끈기가 있다</td><td>[　] 인색하다</td></tr>
<tr><td>[　] 현명하다</td><td>[　] 비판적이다</td></tr>
<tr><td>[　] 객관적이다</td><td>[　] 거리를 둔다</td></tr>
<tr><td>[　] 통찰력이 있다</td><td>[　] 고집이 세다</td></tr>
<tr><td>[　] 자립적이다</td><td>[　] 정보 교류를 하지 않는다</td></tr>
<tr><td>[　] 정보를 수집한다</td><td>[　] 인간관계를 소홀히 한다</td></tr>
<tr><td>[　] 지각이 있다</td><td>[　] 비밀스럽다</td></tr>
<tr><td>[　] 독창적이다</td><td>[　] 감정표현이 부족하다</td></tr>
</table>

7. 성장을 위한 제안

현재 진행하고 있거나 현실에 적합한 생각과 사고에 집중한다.
감정을 표현하는 방법을 배우기 위한 모임에 참여한다.
자신을 좀 더 개방하고 스포츠 활동에 참여한다.

1. 자아 개념
나는 성실하고 책임감이 있으며 충직하다.

충성가

2. 내면 동기
안전과 안정감, 확실함을 갖고자 한다.

3. 기본적 특성
세상에 위험이 가득하기 때문에 안전에 집중한다.
안전하지 않은 세상에 적절히 대응할 능력이 없어 불안과 두려운 마음이 든다.
그래서 모든 상황에 대비하는 상황별 시나리오를 세우고 자신을 보호해 줄 권위자나
공동체를 찾는다.

4. 회피
안전을 지키고 지원을 받기 원하므로 일탈과 불확실한 것들을 회피한다.

5. 강점
책 임 : 공동체의 기준과 규칙을 잘 지키고 자기가 맡은 역할과 소임을 성실히 완수한다.
신 뢰 : 자기 편이거나 자기가 의지하는 공동체를 믿고 따른다.
성 실 : 자기가 의지하는 단체와 조직에 헌신하며 충성한다.

6. 긍정적인 모습과 개선할 모습 (당신을 나타내는 문장을 골라 보세요)

긍정적 모습

[　] 충실하다
[　] 책임감이 있다
[　] 문제를 예견한다
[　] 신용과 협동심이 있다
[　] 끈기를 갖고 노력한다
[　] 헌신적이다
[　] 신중하다
[　] 철저히 준비한다
[　] 꼼꼼하다

개선할 모습

[　] 방어적이다
[　] 융통성이 없다
[　] 의심이 많다
[　] 걱정과 불안이 있다
[　] 우유부단하다
[　] 과도하게 분석한다
[　] 공격적이다
[　] 독립적이지 못하다
[　] 경계심이 있다

7. 성장을 위한 제안

이어지는 의심을 통해 최악의 상황을 상상하는것 보다는 긍정적 사고에 초점을 맞춘다.
불안과 스트레스가 쌓이지 않도록 꾸준히 운동을 한다.
적절한 행동을 취할 상황에서 용기를 갖고 그 상황을 맞이한다.

낙천가

1. 자아 개념
나는 재미있고 열정적이며 즐겁다.

2. 내면 동기
기쁨을 경험하길 원한다.

3. 기본적 특성
흥미로운 일을 계획하고 자신과 세상이 행복해야 된다고 생각한다.
자유로운 영혼인 이들은 현실은 구속받는 일이 많다고 느낀다.
현실에서 오는 고통을 회피하기 위해 흥미롭고 즐거움을 주는 다양하고
긍정적인 경험을 찾아서 새로운 계획을 세운다.

4. 회피
육체적, 심리적 고통을 과도한 공포로 느낀다.

5. 강점
호기심 : 새로운 것을 좋아하고 흥미로운 것을 찾아 즐기려 한다.
재　미 : 자신이 생각하는 즐거운 자극을 추구하며, 힘든 것들을 긍정적인 것으로
　　　　재구성한다.
다양성 : 자신이 선택할 수 있는 흥미로운 일과 대상이 많다.

6. 긍정적인 모습과 개선할 모습 (당신을 나타내는 문장을 골라 보세요)

긍정적 모습	개선할 모습
[　] 재미를 추구한다	[　] 자기애가 강하다
[　] 상상력이 풍부하다	[　] 산만하다
[　] 열정적이다	[　] 제멋대로이다
[　] 신속하다	[　] 말과 행동이 가볍다
[　] 호기심이 많다	[　] 충동적이다
[　] 자발적이다	[　] 반항적이다
[　] 사교적이다	[　] 방어적이다
[　] 매력적이다	[　] 인내심이 부족한 편이다
[　] 자신감이 있다	[　] 고통스런 상황을 피한다

7. 성장을 위한 제안

파생적 아이디어와 생각을 중단하고 현재 주어진 과업에 집중한다.

슬픔, 불안, 두려움, 공포와 같은 심리적 고통을 주는 감정과 정서를 직면한다.

주어진 책임에 성실히 임하며 자신의 건강을 돌본다.

에니어그램의 날개

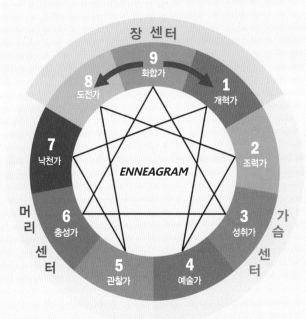

날개는 자신의 중심유형을 보완해 주고 확장해 주는 것으로서, 양 옆에 있는 두 가지 유형이 가능하며 이 둘 중에 더 우세한 것이 자신의 날개유형이 된다.

예를 들어 당신이 9유형이라면, 8유형 또는 1유형이 날개가 될 수 있고, 8유형과 1유형의 특징들을 자신의 자원으로 활용할 수 있다.

에니어그램의 화살

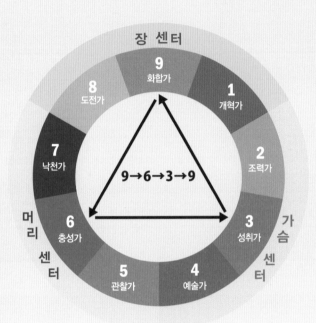

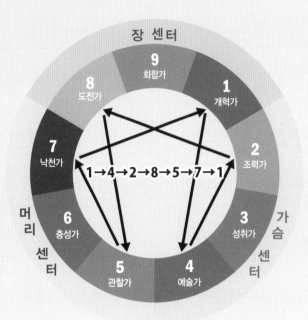

구 분	분열 방향(퇴행)	통합 방향(성장)
내면의 삼각형 (왼쪽 그림)	9→6→3→9	9→3→6→9
헥사드 (오른쪽 그림)	1→4→2→8→5→7→1	1→7→5→8→2→4→1

참고문헌

① 진저 라피드-보그다(2019). 송재흥 외 2인 역. 『에니어그램 계발가이드』. 서울: 한국에니어그램협회

② 비어트리스 체스넛(2018). 이규민 외 2인 역. 『완전한 에니어그램』. 서울: 한국에니어그램협회

③ 비어트리스 체스넛(2018). 이규민 외 6인 역. 『에니어그램 리더십』. 서울: 한국에니어그램협회

④ 산드라 마이트리(2016). 황지연 · 김세화 역. 『에니어그램의 영적인 지혜』. 서울: 한문화멀티미디어

⑤ 돈 리처드 리소 · 러스 허드슨(2014). 주혜명 역. 『에니어그램의 지혜』. 서울: 한문화멀티미디어

⑥ 이안숙 · 한은진(2014). 『에니어그램의 이론과 실제』. 서울: 도서출판 홍익기획

⑦ 이규민(2011). 『에니어그램과 다음 세대 교사 리더십』. 서울: 에듀케이션미니스트리

⑧ 메리 레베카 로가시온(2002). 이정순 역. 『에니어그램』. 서울: 성서와 함께

⑨ 마리아 비싱 (1998). 박종영 역. 『자아발견을 위한 여행』. 서울: 성 바오로